NOTICE

CHAPELLE

PÈLERINAGE

DE

NOTRE-DAME-DU-CHÊNE

A BAR-SUR-SEINE

ÉDITÉE AU PROFIT DE LA CHAPELLE

Par M. ÉLIOT

Archiprêtre de Bar-sur-Seine

BAR-SUR-SEINE

SAILLARD. — L. GOUSSARD, Succr

—

1928

NOTICE

SUR

LA CHAPELLE

DE

NOTRE-DAME-DU-CHÊNE

NOUVELLE

Chapelle de Notre-Dame-du-Chêne

NOTICE

SUR LA

CHAPELLE

ET SUR LE

PÈLERINAGE

DE

NOTRE-DAME-DU-CHÊNE

A BAR-SUR-SEINE

ÉDITÉE AU PROFIT DE LA CHAPELLE

Par M. ÉLIOT

Archiprêtre de Bar-sur-Seine

BAR-SUR-SEINE

IMP. SAILLARD. — L. GOUSSARD, Succr

—

1928

AVANT-PROPOS

La petite Notice que M. l'Abbé Tridon, de pieuse mémoire, a publiée en 1857, sur Notre-Dame-du-Chêne, est épuisée depuis plusieurs années, et il serait impossible de la réimprimer sans y introduire de notables changements. C'est ce qui m'oblige à rédiger ces pages.

Voici le titre des chapitres qui composent cet opuscule :

Origine du Pèlerinage.
La première Chapelle.
Le Pèlerinage au XVIIIe siècle.
Première moitié du XIXe siècle.
Construction de la nouvelle Chapelle.
Nouveau caractère du Pèlerinage.
Description de la Chapelle actuelle.
Les alentours.
Coup-d'œil sur l'Eglise paroissiale.

Que Marie, patronne bien-aimée de ma paroisse, devenue la protectrice du diocèse, daigne agréer ce faible hommage, et répandre sur les bienveillants lecteurs sa maternelle et féconde bénédiction.

Je remercie Monseigneur Cortet, notre vénérable évêque, d'avoir bien voulu honorer ce petit travail de sa nécessaire et précieuse approbation.

ELIOT,
Archiprêtre de Bar-sur-Seine.

NOTICE

SUR LA

CHAPELLE

ET SUR LE

PÈLERINAGE

DE

NOTRE-DAME-DU-CHÊNE

A

BAR-SUR-SEINE

CHAPITRE PREMIER

ORIGINE DU PÈLERINAGE

L'origine du Pèlerinage qui fait l'objet de cette notice est mystérieuse, A une certaine époque qu'il est impossible de préciser, et qui au XVIIe siècle était déjà immémoriale, un jeune pâtre trouva dans la cavité d'un vieux chêne une statuette de la sainte Vierge. D'après la tradition, cette statuette plusieurs fois emportée par lui et ses compagnons, se retrouvait toujours au même lieu. Il en fut encore ainsi quand le clergé voulut par honneur l'installer dans l'église

paroissiale ; elle disparut, et on la trouva replacée là
où primitivement elle avait été découverte.

Cet événement fit du bruit. On vint s'agenouiller
au pied du chêne privilégié qui portait une si extraordinaire image. Des grâces furent obtenues ; il y eut
des prodiges avérés, des guérisons retentissantes.
Evidemment, puisque Marie faisait de ce lieu le
théâtre de ses bienfaits, c'est qu'elle voulait y être
honorée : voilà l'origine du Pèlerinage.

Il faut convenir que ces récits conservés par la tradition ont quelque chose de vague et ne s'appuient
sur aucun monument historique. Nos ancêtres, au
fond des campagnes, n'avaient guère coutume d'écrire
ce qui se passait sous leurs yeux pour le transmettre
à la postérité, et il y a même des faits très importants
dont on a peine à retrouver les traces dans leurs annales. Du reste ils ne pensaient pas qu'on pût jamais
mettre en doute l'intervention divine dans les choses
de la terre, ni la puissance et la maternelle bonté de
la Reine des Cieux.

Ce qu'il y a de certain et on peut dire d'incontes-
table, c'est que des faits merveilleux ont plané sur le
berceau de ce Pèlerinage, lesquels ont provoqué et
consacré la confiance des populations.

Le lecteur voudra bien nous permettre une hypo-
thèse. Supposons que le Pèlerinage de Lourdes, qui
ne date que d'une soixantaine d'années, remonte au
moyen âge, et qu'à cette époque on ait négligé d'é-
crire ce qui se passait. Les récits de sa merveilleuse

origine se seraient transmis uniquement par la tradition. On raconterait qu'à une époque indéterminée,
très reculée, la sainte Vierge apparut auprès des roches
de Massabielle à une petite fille dont le nom même
serait ignoré ; que la petite fille, sur son ordre, aurait
creusé le sable avec la main et qu'une source d'eau miraculeuse en aurait immédiatement jailli ; que depuis
lors ce lieu fut témoin d'un grand nombre de prodiges.
Voilà ce que dirait vaguement la tradition. On appel-
lerait ce récit une légende ; et cependant ce serait la
réalité même, et quant aux prodiges, ce serait préci-
sément ce qui se passe depuis plusieurs années sous
nos yeux et nous pouvons bien ajouter, sous les yeux
de la science contemporaine qui, au moyen d'une
commission médicale, contrôle les faits, examine les
nombreuses guérisons et n'hésite pas à signaler celles
qui lui paraissent humainement inexplicables.

Nous pouvons donc partir de ce principe que certaines merveilles ont présidé à la naissance du Pèlerinage de Notre-Dame-du-Chêne, et nous pouvons
ajouter que ce lieu a été consacré depuis cette époque
d'une autre manière, par la ferveur persévérante de
la piété populaire. Des multitudes d'âmes, depuis
des siècles, sont venues prier sur ce sommet, dans le
silence de cette solitude : âmes fatiguées des épreuves
de la vie, âmes anxieuses ou blessées, affligées, souf-
frantes, si nombreuses sur notre pauvre terre. Combien
de poitrines ont sangloté au pied du chêne de Notre-
Dame ! Combien de cœurs ont épanché des suppli-

cations et des larmes ! Supplications que le ciel entendait, larmes qui toujours perdaient leur amertume !

Loin des habitations et du bruit, ce coin de terre a été pour ainsi dire sanctifié. L'air qu'on y respire est comme parfumé de prière et d'espérance. Situé sur les confins de la Bourgogne et de la Champagne, cet antique rendez-vous de la piété était devenu comme le trait d'union de ces deux belles provinces.

CHAPITRE II

LA PREMIÈRE CHAPELLE

On ignore combien de temps s'écoula jusqu'à la construction de la première chapelle. Pendant de longues années, les pèlerins furent obligés de protéger la précieuse statuette au moyen de branches entrelacées et appuyées sur le tronc de l'arbre privilégié, de manière à former un toit de feuillage, dont ils profitaient pour se défendre eux-mêmes contre l'intempérie des saisons. Si saint Bernard, comme on le dit, s'agenouilla en ce lieu qui se trouvait sur son passage quand de Clairvaux il se rendait dans les villes de Troyes ou de Sens, si le roi Louis XI, dont on connaît la dévotion envers les madones, visita celle de notre contrée, ils durent la trouver sous ce frêle abri, sur son trône de verdure.

Ce n'est que plus tard que les pèlerins, pour la mieux protéger, édifièrent avec des planches une sorte de baraque au-dessus de laquelle planait la tête déjà mutilée, mais encore chevelue, du vieux chêne. Il va sans dire, comme le relatent d'anciens documents, qu'aux jours de fêtes et particulièrement le 1ᵉʳ mai de chaque année, cette cabane était tapissée de guirlandes par des mains pieuses et que les fleurs se mêlaient au feuillage pour décorer ce rustique oratoire.

Depuis longtemps on sentait généralement la nécessité de construire une chapelle en pierre. C'est en 1669 que les échevins de Bar-sur-Seine prirent cette résolution. Mais il leur fallait une autorisation de la duchesse de Montpensier, comtesse de Bar-sur-Seine et propriétaire du bois de Notre-Dame qui portait alors le nom de *Garenne des Comtes*.

Le maire et les échevins lui présentèrent une requête dont nous possédons encore le texte, et dans laquelle ils lui exposent qu'il existe près de la ville de Bar *une Notre-Dame vulgairement appelée Notre-Dame-du-Chêne* ; que ce nom lui vient d'un *très gros chêne, âgé de plus de 300 ans, dans lequel elle a été trouvée, ainsi qu'ils l'ont appris de leurs ancêtres* ; que *de temps immémorial, les habitants ont coutume d'y faire une procession générale le 1ᵉʳ mai de chaque année* ; que les *pèlerins y affluent de plus de vingt lieues à la ronde* ; parce que plusieurs personnes *atteintes de diverses maladies* ont reçu en ce lieu *du soulagement et même la guérison entière de leurs maux.* Ils ajoutent qu'il n'existe en guise de chapelle *qu'un petit toit sur un enclos de huit pieds environ qui renferme un autel sur lequel l'Evêché de Langres autorise depuis un mois la célébration de la messe* ; qu'une chapelle plus commode est indispensable et tellement désirée par les pèlerins que plusieurs y ont fait conduire des matériaux, tandis que d'autres offraient de généreuses aumônes. Ils supplient *son Altesse Royale* d'avoir la bonté d'accorder la permission de bâtir un oratoire dans lequel ils ont l'intention de *renfermer la dite Notre-Dame avec le chêne où elle a été trouvée.*

La permission sollicitée fut accordée sans délai, car la réponse de la duchesse de Montpensier est datée du 28 mai 1669. Immédiatement les ouvriers commencèrent leur travail, et la construction se fit avec tant de rapidité que le 8 septembre de la même année on put l'inaugurer par une messe solennelle et un sermon. Cette cérémonie s'accomplit au milieu d'un concours de plus de six mille personnes. C'est un écrivain contemporain qui nous fait connaître ces détails, le littérateur Boursault, né à Mussy-l'Evêque, c'est-à-dire à une faible distance de Bar où il eut parfois sa résidence.

Boursault, dans une lettre qui a été conservée, se montre émerveillé de la dévotion des populations envers Notre-Dame-du-Chêne ; il trouve extraordinaire que *dans un pays qui*, dit-il, *offre peu de ressources,* on ait pu réunir en si peu de temps la somme nécessaire pour le nouvel édifice, c'est-à-dire mille écus sans compter les nombreuses corvées. Il parle du chêne qui s'élevait, assure-t-il, au-dessus de tous ceux de la contrée et dont l'âge, au jugement des connaisseurs, était d'au moins 500 ans. Une image ingénieuse s'offrant à sa pensée, Boursault la laisse tomber de sa plume. C'est, dit-il, en cette même année où la dévotion à Notre-Dame grandissait et devenait florissante que cet arbre antique poussa ses derniers rameaux de verdure, *comme si la nature avait voulu faire place à la grâce*, de sorte qu'on eût pu graver sur son tronc vénérable cette devise doublement significative : *Floret dùm marcescit, en se desséchant il reverdit.*

Il raconte ensuite que quand on bâtit la Chapelle, on coupa cet arbre au niveau de la voûte et que c'est alors qu'on connut à ses cercles concentriques l'âge qu'il avait. Ses branches, sa cime, et toute la partie supérieure furent distribuées à des personnes pieuses qui en firent des croix, et *plusieurs malades furent guéris en les portant, ou même en buvant l'eau dans laquelle elles avaient trempé.* Le narrateur s'excuse de ne pas relater les nombreux miracles dont le récit a frappé ses oreilles, par ce double motif que sa lettre serait trop longue et que du reste la renommée avait déjà répandu au loin le bruit de ces merveilles.

C'est en 1684 que Boursault écrivait ce qui précède. Louis XIV était à l'apogée de sa gloire ; il venait de recevoir à l'Hôtel de Ville de Paris le titre de Grand. Les historiens étaient trop occupés à rédiger les annales de son règne : aussi les merveilles de Celle que les populations appelaient déjà la Bonne-Notre-Dame ne furent enregistrées qu'au fond des cœurs.

CHAPITRE III

LE PÈLERINAGE AU XVIIIe SIÈCLE

L'étranger qui gravit pour la première fois notre sainte montagne admirera sans doute ce que le site a de pittoresque ; il sera frappé de la paix profonde de cette solitude ; mais il se demandera peut-être pourquoi ce lieu a été choisi de préférence à d'autres, pour les faveurs célestes.

Ce *pourquoi*, nous l'ignorons. Nous savons seulement que dans la distribution de ses grâces, Dieu attache des prérogatives à certains lieux. Les motifs de ce choix sont voilés pour nous ; et on peut en dire autant d'un phénomène analogue qui se passe dans le monde matériel. Pourquoi ces sources d'eau si salutaires, qui sont comme des remèdes préparés par la nature pour les infirmités humaines, sont-elles le privilège de certains points du globe à l'exclusion des autres ? Nous ne saurions le dire ; or les lieux de pèlerinages, pour employer la belle expression d'un écrivain, sont comme les eaux thermales de la grâce divine.

Il en est d'autres qui, pénétrant dans l'enceinte consacrée à Notre-Dame-du-Chêne et apercevant la statuette vénérée, sont étonnés de l'exiguïté de sa dimension. Voici en effet la description faite par

Boursault il y a deux cents ans : « Elle est, dit-il, de la hauteur de la main, faite d'un bois inconnu ; elle représente une Notre-Dame-de-Pitié dont le haut du corps seulement est bien travaillé ».

Les âmes chrétiennes ne se sont pas préoccupées de ces détails. Elles ne viennent pas chercher en ce lieu une statue colossale ni un chef-d'œuvre de l'art pour l'admirer. Elles n'ont pas coutume de mesurer le pouvoir d'en Haut sur la dimension de ses instruments. Elles savent que Dieu est grand dans les moindres choses et que c'est dans la faiblesse qu'il aime à faire éclater sa puissance.

Ces âmes ne se demandent pas non plus d'où vient primitivement cette statuette, comment elle s'est trouvée pour la première fois dans le creux du chêne. On peut faire à ce sujet toute sorte d'hypothèses ; cela importe peu. Il suffit qu'une chose soit certaine : c'est que ce lieu est privilégié du ciel. Sous ce rapport, personne n'avait le moindre doute. Aussi le chemin de l'ermitage ne fut-il jamais oublié ; et même, aussitôt que la première Chapelle fut construite et qu'on y célébra les saints mystères, on vit se régulariser et se multiplier les pèlerinages.

Dire les motifs qui amenaient les pèlerins, ce serait passer en revue tous les besoins, toutes les misères humaines. Ce que demandaient aux pieds de la Bonne Notre-Dame la jeune fille, l'épouse, la mère de famille, l'infirme et l'affligé, le voyageur et le jeune conscrit, cela se comprend parfaitement ; et si les calamités étaient publiques, quand éclataient des fléaux et des épidémies, quand on avait à déplorer de longues pluies ou d'interminables sécheresses, ce n'était plus isolément, c'était collectivement, avec le solennel concours de toute la population, qu'on se rendait au sanctuaire vénéré. ·

A l'appui de cette coutume de nos pères, nous pouvons citer un fait qui s'est passé le 25 juillet 1758, et dont le compte rendu se trouve dans les archives de la ville. Nous copions textuellement cette relation.

« Il pleuvoit, depuis six semaines, les bleds germoient sur pied, l'on projeta d'aller en procession à la Chapelle. Le bailliage en robe, la maîtrise, la mairie, l'élection, le grenier à sel, les corps de métiers, tous les habitans assemblés dans l'église, l'on sortit en corps de procession après les vespres de la feste de Saint-Jacques et de Saint-Christophe ; la pluye tomboit abondamment, le ciel paroissoit tout noir ; malgré cela, tout le monde partit, et quand on arriva à la Chapelle, tout le monde étoit mouillé jusqu'à la peau.

« Il n'y eut que les prestres et les corps constitués qui entrèrent dans la Chapelle, le peuple resta dehors. L'abbé Autrand, chanoine, monta sur l'autel pour ouvrir la petite grille et descendre la Vierge sur l'autel. Au même instant, les nuages qui estaient sur nous se séparèrent comme l'on ouvre deux rideaux, une moitié rétrograda au midi et l'autre moitié au nord, sans vent ; ce qui est contre nature, par conséquent, ce qui qualifie le miracle.

« Alors tout le monde s'écria : Miracle, et les larmes coulèrent des yeux de près de deux mille témoins. Le soleil devint brûlant ; la Vierge fut portée sous un dais à la paroisse de Bar-sur-Seine, où elle est restée douze jours, puis elle a été rapportée à la Chapelle le dimanche 6 aoust, avec la même cérémonie. Le temps est resté constamment au beau ; la récolte s'est bien faite.

« Je ne suis pas fanatique, je ne crois pas facilement ; mais j'ai vu et j'en crois mes yeux, et je certifie le fait être véritable.

« Il y a un procès-verbal signé de tout le monde.

« *Signé :* LEFRANÇOIS l'aîné. »

Le récit qu'on vient de lire, nous montre la coutume introduite par la piété. Lorsque les alarmes publiques inspiraient de recourir à Notre-Dame comme à une suprême ressource, on ne se contentait pas d'une visite passagère ; souvent on descendait en grande pompe l'image de Marie à l'église paroissiale. Là pendant neuf jours on lui rendait des hommages par des supplications et des chants, et la neuvaine terminée, on la reportait respectueusement dans son asile séculaire.

Je trouve dans un ancien manuscrit la relation d'une semblable cérémonie accomplie au milieu d'une affluence prodigieuse vers la fin du siècle dernier, en 1789. C'était encore pour obtenir la cessation des pluies. Toutes les paroisses du voisinage, bannières en tête, faisaient partie de la procession et un nombre considérable de jeunes filles en blanc, rangées sur deux lignes, portaient des cierges allumés qu'elles déposèrent au pied de l'autel de Marie.

Cela se passait, comme on le voit, à la veille de la Révolution ; et si l'on veut une preuve encore plus frappante de la confiance sincère qui animait toutes les âmes envers la Bonne-Notre-Dame, voici ce qui arriva trois ans plus tard. Le 6 août 1791, à l'époque où les prêtres fidèles étaient proscrits, les uns sous le verrou des prisons, les autres sur le chemin de l'exil, le curé intrus de Bar-sur-Seine jugea convenable, pour légitimer son titre aux yeux de la population, de célébrer à son tour une neuvaine de Notre-Dame-du-Chêne. La procession de clôture eut quelque chose de vraiment extraordinaire. Les maires, adjoints et gardes nationaux de tout le district s'y étaient rendus, en uniforme, tambours en tête et drapeaux déployés. Cette immense multitude eut peine à trouver place autour d'i modeste sanctuaire de Notre-Dame.

Pendant les années qui suivirent, ce fut le silence ; la Terreur régnait ; mais la petite Chapelle fut respectée, personne n'osa porter sur la précieuse image une main sacrilège. Aliénée comme bien national, la Chapelle avait été achetée par deux honorables habitants dans le dessein, qu'ils exécutèrent plus tard, de la remettre à la Fabrique de l'Eglise paroissiale.

CHAPITRE IV

Lorsque la tempête révolutionnaire fut apaisée, aussitôt après le rétablissement du culte, les Pèlerinages recommencèrent sur la montagne de Notre-Dame. Que de fois pendant les longues et sanglantes guerres de l'Empire, on vit les mères de famille agenouillées sous le vestibule du sanctuaire de Marie. Quant aux pèlerinages publics, les derniers eurent lieu en 1813 et en 1816, et on peut dire, d'après la description que nous avons recueillie de la bouche des vieillards, qu'ils furent très mémorables.

Les mois de juin et de juillet 1813 avaient été tellement pluvieux qu'on commençait à désespérer des récoltes. On célébra des prières publiques, mais la pluie ne cessait pas. C'est alors qu'on eut recours à la grande ressource des temps calamiteux. Avec l'autorisation épiscopale toujours nécessaire en semblable circonstance, on se rendit le 24 juillet au matin dans le sanctuaire de Notre-Dame. On transporta pieusement la statuette bien-aimée sur un des autels de l'église où elle demeura neuf jours au milieu des fleurs, des flambeaux, des prières et des cantiques. C'est alors qu'on vit éclater la piété toujours vivante dans les âmes, car toute la contrée s'associa à ces hommages. Ce ne fut pas en vain ; au bout de quelques jours le temps redevint très beau, et la moisson, qui cette année était abondante, put facilement mûrir et être recueillie dans les meilleures conditions. C'est le dimanche 1er août que fut close cette neuvaine par une procession brillante et triomphale dont le souvenir est resté longtemps gravé dans la mémoire.

On peut en dire autant de la procession qui eut lieu en 1816. Les deux années qui venaient de s'écouler, années de guerres et d'invasions, méritent bien la qualification de calamiteuses. Avec ses longues et froides pluies, l'année qui suivait la double invasion n'était pas destinée à réparer les désastres. On monta cependant à Notre-Dame. La procession se mit en marche par un temps peu rassurant. « Dès que le curé de la ville, a écrit un témoin oculaire, sortit du sanctuaire entouré de la multitude, tenant entre ses mains la miraculeuse image de Marie, un magnifique soleil auquel on n'était plus accoutumé darda ses rayons de feu sur la longue file qui serpentait sur les flancs de la sainte montagne et éclaira tout son retour ».

Ces deux belles cérémonies montrent que la dévotion à Notre-Dame-du-Chêne, au milieu de l'indifférence religieuse et des défaillances de notre siècle, ne tendait pas à s'affaiblir. Cette confiance inébranlable n'a cessé d'obtenir de sa compatissante bonté de signalés bienfaits. Nous en avons des preuves irrécusables dans ces béquilles si nombreuses autrefois et dans ces ex-voto qui tapissaient les murs de l'ancienne chapelle. Presque tous ces témoignages des faveurs célestes ont disparu ; d'autres les remplacent et chaque jour il faut ajouter à ces muettes mais sincères expressions de la reconnaissance soit un cœur en vermeil, soit un tableau, soit un marbre dont l'inscription consacre le souvenir d'un bienfait.

En suivant le cours des années, nous atteignons l'époque où M. l'abbé Tridon publiait sa notice, c'est-à-dire en 1857. Or voici comme il appréciait la disposition des esprits et ce qui se passait sous ses yeux relativement au Pèlerinage.

« Dans la ville de Bar comme ailleurs, dit-il, les défections sont venues attrister la religion ; mais au milieu des tempêtes, où la foi, la vertu et les pratiques religieuses ont fait naufrage, une chose a surnagé, c'est la dévotion, c'est au moins un souvenir pour Notre-Dame-du-Chêne. Ce sentiment jeté au fond du cœur d'un fils par une mère chrétienne a survécu à tout.

« Les habitants de Bar montent sans cesse à la Chapelle de Notre-Dame ; souvent ils y font monter le prêtre pour solliciter une grâce, demander un secours, pour payer le tribut de la reconnaissance. Tantôt c'est la paroisse entière qui se dirige vers le sanctuaire champêtre, le curé en tête ; tantôt c'est une famille ; plus souvent c'est une âme qui va confier ses secrets à Marie.

« Les adolescents y montent le lendemain de leur première communion pour demander la persévérance ; les jeunes gens y montent pour obtenir une union heureuse ; la jeune fille y monte avec sa mère pour obtenir le dernier mot d'une vocation encore incertaine ; le milicien, avant de s'engager dans les hasards de la guerre, ira avec le soldat valeureux qui, échappé à mille dangers, va lui payer la dette de reconnaissance. »

En 1856 on eut l'heureuse idée de déposer dans la sacristie de la Chapelle, comme on le fait dans divers lieux de pèlerinage, un Album où les pèlerins peuvent consigner leurs impressions ou du moins la trace de leur passage. Or il suffit de parcourir les premières pages de cet album pour se convaincre combien était vivace dans les environs et déjà propagée au loin la dévotion à Notre-Dame-du-Chêne.

Les noms qu'on y lit appartiennent à toutes les classes et à une multitude de localités. Chacun y apporte des préoccupations différentes. C'est un prêtre qui implore la protection de Marie pour son troupeau, une fille pour son père, une mère pour son fils ou son époux. C'est une jeune vierge qui hésite sur le seuil de son avenir, un étudiant à la veille de ses examens, une personne souffrante qui implore la guérison, une âme affligée qui dépose sur la page un soupir et une larme et qui sent déjà poindre la sérénité. La reconnaissance s'y mêle à la supplication, et souvent après quelques mots d'ardente prière, vous lisez une joyeuse action de grâces. Ce qui ressort d'un coup d'œil discrètement jeté sur ces pages où l'on parcourt toute la gamme des sentiments les plus délicats et les plus spontanés, c'est que la dévotion de Notre-Dame-du-Chêne est restée comme une tradition chère à tous les vieux foyers et à toutes les familles sérieusement chrétiennes. Ces sortes d'albums sont de véritables photographies des convictions et des aspirations des âmes.

CHAPITRE V

Un incident bien important dans l'histoire du pèlerinage allait se produire : la construction d'une nouvelle Chapelle.

Nous avons raconté comment fut bâtie la première en 1669, car jusqu'à cette date la précieuse image n'avait eu pour abri qu'un toit de feuillage et pour autel que le tronc nu du vieux chêne. La Chapelle de 1669, érigée en trois mois par les dons des fidèles, ne tarda pas à réclamer des réparations. En 1697, une pieuse dame les fit faire à ses frais. Dans le siècle suivant, il fallut en venir à une reconstruction totale ; la Chapelle avait été pillée par les Allemands ; elle était délabrée. Ce fut M. Henault, maire de Bar-sur-Seine, qui, en 1724, fit ériger le nouvel édifice et qui eut soin de conserver le vitrail donné par son père, Etienne Henault, conseiller du roi, vitrail qui portait la date de 1672 avec deux devises dont le souvenir est resté dans la mémoire des visiteurs : la première *Initium sapientiæ timor Domini; la crainte du Seigneur est le commencement de la sagesse;* et la seconde qui peint le côté triste de la vie humaine : *nasci, laborare, mori; naître, travailler et mourir;* devise qui nous serait commune avec les bêtes de somme, sans l'espérance chrétienne.

L'autel de cette Chapelle avait été renouvelé en 1765, comme le témoignait l'inscription qu'on put y lire lors de sa démolition. Cet autel était adossé à un retable qui dérobait entièrement le chêne à la vue du public. La statuette miraculeuse n'apparaissait que par une petite ouverture grillée.

Cette Chapelle était bâtie en bois ; son toit était surmonté d'un petit clocher et un porche était accolé extérieurement à son portail. Elle avait la modeste apparence d'une Chapelle de hameau. Trop vieille pour être solide, trop étroite pour les temps nouveaux, l'heure était venue de la remplacer.

Sans doute les temps nouveaux penchaient vers le scepticisme bien plus que vers la foi ; mais au milieu du siècle on vit se produire comme une floraison de piété filiale envers la sainte Vierge. Son nom était invoqué avec plus de ferveur, on multipliait ses fêtes ; on lui consacrait le plus gracieux des mois de l'année ; on lui bâtissait de nouveaux sanctuaires ; on retrouvait les chemins des anciens pèlerinages. Comment celui de Notre-Dame-du-Chêne qui ne fut jamais délaissé, n'aurait-il pas attiré de loin les pieux regards, au moment où une voie ferrée reliant Bar-sur-Seine avec Châtillon et Troyes allait le faciliter pour bien des paroisses et favoriser son extension.

M. l'abbé Prud, qui était curé de la paroisse depuis 1848, prit la détermination d'entreprendre cette œuvre ; détermination courageuse, car dénué de ressources financières, il ne pouvait compter que sur la générosité des fidèles. On fit des quêtes. La ville de Bar donna largement. Des sermons prêchés en différents lieux grossirent les offrandes.

Il y eut des aumônes magnifiques. C'est en 1865, le 29 juillet, que M. l'abbé Prud posa la première pierre du petit monument sur l'emplacement agrandi de l'ancienne Chapelle. Tout le monde, dans l'élan de l'enthousiasme, voulait un édifice artistique, grandiose, digne de l'aimable et antique protectrice de nos contrées. Les ouvriers y travaillèrent sans interruption pendant deux ans, et le temps parut court à cause de la quantité de matériaux qu'il fallut monter jusque-là. Les dépenses avaient dépassé de beaucoup les calculs, mais sans ralentir le travail, et le 4 juin 1867, Mgr Ravinet, évêque de Troyes, vint solennellement consacrer le nouveau sanctuaire de Notre-Dame-du-Chêne.

Cette cérémonie eut quelque chose de splendide. Le concours sur le sommet béni fut prodigieux et restera mémorable. On était accouru de loin et de toutes parts. Ce souvenir est encore présent à celui qui écrit ces lignes. Il lui fut impossible, pendant la cérémonie, de pénétrer dans la pieuse enceinte ; ce ne fut qu'après le départ de la plus grande partie de la foule qu'il eut le bonheur de contempler l'intérieur du nouveau sanctuaire et de s'agenouiller devant la Vierge du Chêne, qui plus d'une fois déjà avait reçu ses hommages. Il ne pouvait guère en ce moment lui venir à la pensée que, deux ans plus tard, ce même sanctuaire serait placé sous sa houlette de Pasteur et que sa vie s'écoulerait dans ces lieux privilégiés qu'il venait de traverser en pèlerin.

Ce jour-là fut grande fête à Bar-sur-Seine ; partout des inscriptions et des arcs de triomphe. C'était évidemment le point de départ d'un progrès dans l'extension du Pèlerinage et dans le culte de Notre-Dame-du-Chêne.

L'enchantement de M. l'abbé Prud ne fut pas de longue durée. Il savait que ce beau monument n'était pas soldé et que les intérêts pourraient bien grossir la dette. Vainement il fit un voyage dans le midi où il espérait trouver de généreuses sympathies, il reçut plus de pièces de poésie que de billets de banque, dit un de ses collaborateurs. « A dater de ces circonstances, ajoute ce véridique témoin, les espérances et les forces de M. l'abbé Prud allèrent en déclinant. Un voile de tristesse assombrissait tout en lui. Aussi répétait-il avec amertume : *Les temps sont changeants et les hommes inconstants.* Divers moyens furent tentés pour faire face aux éventualités du moment....., tout devait échouer et le doyen mourir. Une fluxion de poitrine, prise dans un ministère de charité, vint achever au physique ce que la tristesse avait commencé au moral. Dans le demi-délire de la fièvre, son idée fixe se faisait jour par ce cri souvent répété : Notre-Dame ! Qui paiera Notre-Dame ! Le 17 mars

1869, il rendit à Dieu sa belle âme, chargée de bonnes intentions et de bonnes œuvres. »

Mgr Ravinet apprit avec douleur la mort du zélé serviteur de Marie. Il ne pouvait laisser inachevée son entreprise, car le Pèlerinage de Notre-Dame avait toutes ses sympathies, et c'est toujours avec joie qu'il s'agenouillait au pied du Chêne vénéré. Il ordonna une quête dans toutes les paroisses du diocèse ; il fit appel au généreux concours des pieux fidèles et du clergé, organisa des souscriptions, enfin prit diverses mesures dont le résultat fut l'entière et prompte extinction de la dette.

Restait un vœu à accomplir. Le pasteur défunt avait toujours espéré être inhumé dans la crypte qu'il avait fait creuser sous la Chapelle, et on peut ajouter que c'était le désir général. Ce vœu ne put recevoir son accomplissement que quatre ans après. L'épouvantable catastrophe dont la France fut victime en 1870 suffirait pour expliquer ce délai ; il faut y ajouter les lenteurs de l'administration civile qui accorde difficilement les autorisations de cette nature et qui, deux fois déjà, avait répondu par un refus. On comprit enfin que les cendres du pieux curé devaient reposer sous ce sanctuaire auquel il avait sacrifié ses ressources et sa vie.

Ce fut le 26 septembre de l'année 1872 qu'eut lieu la translation de son cercueil du cimetière paroissial à la Chapelle de Notre-Dame. Les membres du clergé, ainsi que les fidèles, s'y trouvaient en grand nombre. Mgr l'Evêque voulut présider lui-même cette touchante cérémonie pendant laquelle M. l'abbé Puissant, curé de Ricey-Haut, prononça avec émotion l'éloge de son pieux ami. On descendit le cercueil dans la crypte et on le déposa sous le gracieux monument que lui avait préparé la généreuse reconnaissance de ses paroissiens.

Vos vœux maintenant, pieux pasteur, sont réalisés. Vos restes reposent aux pieds de l'image bien-aimée où votre âme tant de fois a épanché ses tristesses et ses aspirations. Vous continuez à prier la bonne Notre-Dame et à invoquer, pour toutes les âmes qui visitent ce sanctuaire, sa puissante assistance.

CHAPITRE VI.

NOUVEAU CARACTÈRE DU PÈLERINAGE

Depuis l'érection de la nouvelle Chapelle, une modification était attendue et ne pouvait manquer de se produire dans la physionomie du Pèlerinage.

Le besoin de secours céleste à notre époque de tourmente révolutionnaire, le retentissement de certaines apparitions merveilleuses, la facilité prodigieuse de locomotion due à la vapeur, le réveil universel des anciens Pèlerinages, tous ces motifs plaçaient le sanctuaire nouveau de Notre-Dame-du-Chêne dans les conditions les plus favorables pour y attirer les pèlerins. Joignez à cela la grâce artistique de son architecture, le charme particulier du site, le silence et les frais ombrages de la solitude, et il est facile de comprendre l'attrait qui devait amener bien des âmes à ce religieux et paisible rendez-vous.

Les Pèlerinages isolés ont persévéré avec la même ferveur et la même confiance.

Les Pèlerinages de famille sont devenus plus fréquents : on dirait que les liens d'amitié se resserrent au pied de notre bénie Madone.

Les communautés, les ouvroirs, les pensionnats font retentir de leurs cantiques la religieuse enceinte et dans le reste de la journée, soit sous les dômes de feuillage, soit sous la voûte azurée d'un ciel pur, entremêlent la prière et les ébats joyeux. Les âmes virginales aiment Marie. Le jeune âge, pour qui l'avenir est encore voilé, sourit à Celle que l'Eglise appelle Etoile du Matin et Mère de la sainte espérance.

On dira peut-être que ce dernier genre de Pèlerinage est moins sérieux et qu'il s'y mêle un but de récréation. Nous ne pouvons en disconvenir. Mais n'est-il pas permis de sanctifier le repos et la joie ? Elles le comprennent fort bien et ne s'en plaignent jamais, les âmes affligées qui viennent implorer Marie pour leurs secrets besoins. Leurs supplications n'en sont pas troublées et leur confiance n'en est aucunement ébranlée.

Aussi, que de grâces ont été obtenues, que de bienfaits secrets, mais indéniables ! Nous le savons, nous, que la reconnaissance des familles a pris tant de fois pour confident, et nous avons bien souvent regretté la nécessité qui nous est imposée d'ensevelir ces faveurs célestes sous le voile discret d'un respectueux silence. Néanmoins un certain nombre d'ex-voto, des inscriptions, des cœurs de vermeil sont venus enrichir le nouveau sanctuaire de précieux témoignages. L'action de grâce s'est bien souvent manifestée par la célébration du saint sacrifice sur les instances des pèlerins reconnaissants.

Mgr Ravinet a compris que le moment était venu de donner à cet antique Pèlerinage de nos contrées un caractère officiel et diocésain. L'affreux désastre au milieu duquel notre patrie a failli périr avait mis tous les esprits en ébullition. Les théories sociales les plus folles étaient déjà accueillies avec applaudissement par les multitudes égarées. C'était le moment de se rappeler que la sainte Vierge fut toujours en temps de crise la suprême ressource de notre France et que nos ancêtres avaient pour devise : *Regnum Galliæ, regnum Mariæ, non peribit. La France, royaume de Marie, ne périra pas.*

Notre pieux prélat décida qu'un triduum religieux serait célébré dans la Chapelle de Notre-Dame-du-Chêne les 8, 9 et 10 septembre, et y convoqua tous ceux qui, parmi le clergé et les fidèles du diocèse, pourraient se transporter sur notre sainte montagne. C'était en 1873. Pendant trois jours, à partir de la fête de la Nativité de la Sainte Vierge, la Chapelle a été envahie par de nombreux pèlerins auxquels un prédicateur d'élite, le R. P. Lacouture, de la Compagnie de Jésus, adressait de chaleureuses exhortations. Mais le 10 surtout, l'affluence fut prodigieuse ; c'est le jour que Sa Grandeur avait choisi pour présider lui-même les exercices. L'administration du chemin de fer dut organiser des trains spéciaux. On a évalué à huit mille au moins le nombre des personnes qui visitèrent ce jour-là la montagne de Notre-Dame.

La procession partie de l'Eglise avec ses riches bannières et son cortège de près de 150 ecclésiastiques, se déployait à perte de vue sur le chemin du bois comme une rivière vivante ; on eût cru assister à un triomphe. Sa Grandeur célébra la sainte messe en face de la Chapelle pavoisée d'oriflammes, sur un autel dressé en plein air, véritable reposoir orné de fleurs et de verdure et entouré de la multitude des pèlerins. Des prières, des chants sacrés, des cantiques, de pieux et éloquents discours silencieusement écoutés : voilà ce qui a rempli cette belle journée, et dans l'après-midi, après le salut du Saint-Sacrement, la procession se réorganisa, descendit la montagne du côté de la porte de Châtillon et se rendit à la gare en faisant retentir notre cité de ses chants religieux. Un ordre parfait n'a cessé de régner ; la joie était universelle. On se donna rendez-vous pour l'année suivante.

En effet, à partir de ce jour, le Pèlerinage diocésain était fondé. Mgr l'Evêque n'eut besoin que d'en fixer la date pour chaque année, au premier mardi qui suit la fête de la Nativité de la Sainte Vierge.

Depuis cette époque le concours, sans être aussi nombreux que la première fois, s'est perpétué malgré les obstacles et les températures les plus contraires. Grâce à la présence assidue et à l'impulsion de Mgr Cortet qui depuis dix-sept ans gouverne notre diocèse, chaque année les mêmes cérémonies se renouvellent solennellement. Toujours on compte ce jour-là aux pieds de Notre-Dame plusieurs milliers de pèlerins. Toujours on est édifié de leur recueillement et de leur ferveur, ainsi que de la sainte avidité avec laquelle ils accueillent les instructions qui leur sont adressées du haut des degrés de l'autel champêtre.

Notre prélat, dans le cours de ces belles journées, ne manque jamais d'adresser à la foule une de ces allocutions qui lui sont familières et qui, en même temps qu'elles commandent l'admiration, trouvent un écho profond dans les cœurs. Que de fois sa voix éloquente s'est fait entendre sur notre sainte montagne.

Il y a quelques années, quand l'heure du départ était arrivée et que déjà les pèlerins descendus processionnellement à sa suite remplissaient, joyeux et reconnaissants, toute la cour de la gare, le zélé Pontife ne pouvait s'empêcher d'exprimer les sentiments qui débordaient de son cœur pastoral, et qui étaient ceux de la foule enthousiasmée, sentiments qu'on peut traduire et résumer ainsi : Gloire à Marie, notre aimable protectrice ! Rendez-vous nombreux à l'année prochaine !

Hélas ! il faut bien le dire : cette dernière partie de la solennité n'existe plus. Depuis plusieurs années, les processions, ces démonstrations triomphales de la foi chrétienne, ont été interdites. Il arrive souvent que l'avenir se couvre à nos yeux de voiles impénétrables ; mais le chrétien ne se décourage jamais ; l'enfant de la vérité est aussi l'enfant de l'espérance.

La Nativité de la Sainte Vierge a été choisie comme époque du pèlerinage diocésain, parce qu'elle est une des grandes fêtes de Notre-Dame-du-Chêne. La principale est l'Annonciation, fête patronale de Bar-sur-Seine, transférée tous les ans au dimanche du Bon-Pasteur. Les divertissements qui ont lieu dans la ville à l'occasion de la fête, ne font jamais oublier la bonne Notre-Dame. Ce ne sont pas seulement les habitants de Bar, ce sont surtout les étrangers qui, ce jour-là, montent nombreux jusqu'au sanctuaire de Marie, heureux de s'agenouiller devant son image séculaire, d'entendre redire ses vertus et chanter ses louanges.

CHAPITRE VII

DESCRIPTION DE LA NOUVELLE CHAPELLE

L'architecte qui a tracé le plan de cette Chapelle s'est proposé de reproduire le style gothique à sa naissance avec ses gracieuses ogives, ses nervures arrondies, ses fines colonnettes, les feuillages et les crosses végétales de ses chapiteaux. Ce n'est pas l'époque des tourelles élancées et des pinacles aériens. Il y a même encore de la lourdeur du style roman ; et c'est là une idée heureuse de l'artiste à laquelle nous devons applaudir comme à une nécessaire garantie de solidité. Si on est tenté de critiquer le peu d'élévation et la forme massive des bas-côtés, c'est qu'on ne réfléchit pas qu'il s'agit d'un édifice bâti sur le sommet d'un plateau, battu par tous les vents, et que les bas-côtés doivent lui servir de contreforts. Du reste le frontispice avec sa haute et élégante rosace, la flèche qui s'élance du centre de l'édifice, lui donnent un cachet suffisant de légèreté.

Un porche de gracieuse structure, bien appréciée des pèlerins, abrite la baie de la porte principale.

Le plan de l'édifice présente une croix latine. Les transepts sont terminés par des rosaces et le chevet

est orné de cinq fenêtres géminées au-dessous des-
quelles se développe une fort belle arcature.

Les Autels

Au milieu de l'abside se dresse le maître autel
adossé au chêne antique dont le tronc vénérable
porte l'image de Marie. Le chêne est entouré et surmonté d'un léger édicule en bois qui, construit à
jour, laisse le regard pénétrer de tous les côtés. C'est
autour de cet édicule que sont suspendus les ex-voto
de la reconnaissance.

Le maître autel est une simple table de pierre sup-
portée par des colonnettes chargées d'une riche or-
nementation. Les gradins se terminent par deux
stèles qui, au lieu de crosses abbatiales, n'ont jamais
porté que des vases de fleurs. Le tabernacle a la
forme d'une tour avec ses créneaux, ses machicoulis
et ses clochetons angulaires.

De chaque côté du sanctuaire, deux autres autels
ont trouvé naturellement leur place : celui de saint
Joseph et celui de sainte Anne. Ces autels, d'une ex-
trême simplicité, sont une copie de ceux de l'époque.
Les statues des saints auxquels ils sont dédiés reposent sur des culs-de-lampe fixés à la muraille.

Les Verrières des bas-côtés

Toutes les fenêtres ne sont pas encore enrichies de
verrières ; mais comme il en existe déjà un grand

nombre, le pèlerin de Notre-Dame aimera à trouver ici l'indication des sujets qui s'offrent à ses yeux. Commençons par les petites fenêtres qui sont à gauche de la grande porte.

La première, divisée en trois compartiments, représente dans le bas le jeune berger qui découvre la statuette de la sainte Vierge ; au milieu, il l'emporte joyeusement avec ses compagnons ; au sommet, des anges aux ailes déployées viennent la replacer dans le chêne.

La deuxième fenêtre offre deux sujets : dans le bas quelques pèlerins aux pieds de la Madone, et au-dessus les échevins de la ville de Bar-sur-Seine présentant leur requête à la duchesse de Montpensier pour obtenir le terrain nécessaire à la construction d'une Chapelle.

La troisième fenêtre rappelle le prodige arrivé en 1758, lors d'un Pèlerinage qui mit fin à des pluies persistantes et désastreuses. Ce petit vitrail reproduit fidèlement l'aspect de l'ancienne Chapelle. On y voit l'intérieur avec l'illusion de perspective admirée de tous les pèlerins.

Si l'on veut trouver la quatrième lancette et suivre l'histoire du Pèlerinage, il faut se transporter auprès de la petite porte, dans l'autre bas-côté. Au bas, c'est une famille qui implore Notre-Dame pour un enfant malade ; au-dessus, c'est un Pèlerinage d'enfants au lendemain du beau jour de leur première communion.

La cinquième fenêtre rappelle le souvenir de la pose de la première pierre de la nouvelle Chapelle par le vénérable curé de la paroisse. Dans le panneau supérieur, c'est la consécration solennelle de l'édifice par Mgr Ravinet, entouré de son clergé.

On remarque en bas de la sixième lancette un intérieur de l'ancienne Chapelle dans laquelle M. le curé Prud offre à Notre-Dame le plan du nouvel édifice qu'il se propose de construire. Au-dessus se déploie un nombreux pèlerinage aux abords de la nouvelle Chapelle. Ce sujet permet de suivre jusqu'à ces derniers temps l'histoire de la dévotion à Notre-Dame-du-Chêne.

Verrières des Rosaces et des Chapelles collatérales

Examinons d'abord la rosace placée au-dessus du portail principal. Le sujet est la proclamation du dogme de l'Immaculée-Conception. Au centre, on voit le souverain Pontife entouré des Cardinaux et autres dignitaires de l'Eglise, procédant à cette solennité. Dans les lobes disposés en couronne autour de cette auguste assemblée, on remarque quelques traits de l'ancien Testament qui se rapportent d'une manière directe ou symbolique à la Vierge Immaculée ; ainsi : la désobéissance d'Adam et d'Eve, — leur expulsion du Paradis terrestre, — Esther devant le roi Assuerus, — la rencontre de saint Joachim et de sainte Anne près de la porte dorée, — enfin la Naissance de la sainte Vierge et sa Présentation au Temple.

La rosace du transept sud est consacrée à saint Joseph, représenté dans une gloire. Les verrières des trois petites baies qui sont au-dessous ont pour sujets : la Naissance de Notre-Seigneur, sa Présentation au Temple et le travail de Nazareth.

Passons à la troisième rosace, du côté de la ville. Elle rappelle le souvenir d'un grand évêque, saint Nicolas, et le représente renversant d'un geste les temples de l'Idolâtrie pour les remplacer par d'autres consacrés au vrai Dieu. Les trois petites fenêtres placées au-dessous renferment une Assomption, saint Jean-Baptiste, sainte Elisabeth, saint Amand, saint Albert et autres saints : ce sont des patrons de donateurs.

Si de là nos regards se portent vers la Chapelle de sainte Anne, nous trouvons une verrière consacrée à cette grande sainte. D'un côté, dans la partie supérieure, saint Joachim et sainte Anne instruisent la sainte Vierge ; de l'autre côté, saint Joachim mourant bénit cette noble enfant qui porte dans sa destinée le salut du monde. Saint Nicolas et sainte Marguerite qu'on voit au-dessous sont des patrons de donateurs.

Transportons-nous maintenant au vitrail près de l'autel de saint Joseph, qui est, comme le précédent, l'œuvre des carmélites du Mans. Les quatre sujets sont faciles à reconnaître : le mariage de la sainte

Vierge, la fuite en Egypte, le travail dans l'atelier de Nazareth et enfin la mort de saint Joseph. Dans son atelier, saint Joseph suspend son travail pour contempler l'enfant Jésus maniant un outil. Sur son lit funèbre, il apparaît résigné, fortifié et consolé par la présence de deux âmes bien-aimées. Jésus et Marie.

Verrières de l'Abside

Cinq fenêtres éclairent le sanctuaire, mais trois seulement sont ornées de vitraux peints, la première et la cinquième attendent encore. La partie inférieure de ces verrières contenant les patrons des donateurs, nous n'avons pas à nous en occuper.

La deuxième fenêtre, du côté de l'Evangile, présente les sujets suivants : Marie dans le Temple, le mariage de la sainte Vierge, la Visitation, la Naissance de Jésus-Christ, puis dans la petite rosace qui couronne cette fenêtre, l'Annonciation.

La troisième fenêtre renferme : la Sainte Famille, la Purification, la fuite en Egypte, la rencontre de Jésus portant la Croix et de sa sainte Mère, et dans la rosace une Notre-Dame de Pitié, c'est-à-dire Marie contemplant sur ses genoux le corps inanimé de son fils : c'est l'image même de Notre-Dame-du-Chêne.

Dans la quatrième fenêtre : les noces de Cana, l'apparition de Jésus-Christ à sa mère après sa résurrection, la Pentecôte avec la sainte Vierge au milieu des apôtres, l'Assomption, et dans la rosace le couronnement de la sainte Vierge.

En parcourant les verrières des bas-côtés, le visiteur a dû remarquer le *Via Crucis* de grande dimension, avec ornements gothiques. Ce Chemin de Croix préparé avec soin dans les ateliers de Vendeuvre est une précieuse ressource pour les pèlerins, quand la pluie ou quelque orage ne leur permet pas de quitter l'intérieur de la Chapelle.

La Crypte

Lorsque le pèlerin entre dans la Chapelle par la porte latérale, une tourelle frappe ses yeux. Cette tourelle renferme l'escalier de pierre qui conduit aux voûtes et au campanile. Or, ce même escalier descend dans une crypte profonde qui, dans la pensée de son vénérable constructeur, était destinée aux sépultures. Jusqu'ici elle ne renferme que la sienne. Le pèlerin quelquefois va s'y agenouiller; il admire le petit monument, sorte d'hôtel funéraire qu'on y a placé, et il approche la flamme de sa bougie, il lit cette inscription gravée sur la pierre :

« Ici repose le corps de Pierre-Alexis Prud, curé-
« doyen de Bar-sur-Seine, décédé le 17 mars 1869,
« à l'âge de 68 ans, et transporté solennellement
« dans cette crypte le 26 septembre 1872, par Mgr
« Ravinet, évêque de Troyes.

« Sa dévotion envers Notre-Dame-du-Chêne lui

« inspira d'entreprendre la reconstruction de la Cha-
« pelle sur un plan nouveau, plus digne de l'antique
« pèlerinage.

« Il fut aidé par les offrandes généreuses des fidèles
« et par les prêtres du diocèse qui, après sa mort, à
« la voix de leur évêque, s'empressèrent d'achever
« cette œuvre de piété sacerdotale.

« Comme témoignage de leur reconnaissance, et
« en mémoire de ses vertus pastorales, ses paroissiens
« lui ont élevé ce monument.

« Pèlerins, aimez comme lui Marie, imitez sa con-
« fiance et priez pour lui ».

La Fontaine

Au sortir de ce sombre souterrain, le visiteur
éprouve le besoin de respirer l'air extérieur. Qu'il
fasse le tour de la Chapelle et il rencontrera la grotte
rustique d'une fontaine. L'eau très pure et très
fraîche qui l'alimente ne provient sans doute que des
terres environnantes ; cependant elle ne tarit jamais,
et les habitués du Pèlerinage savent bien l'apprécier.
La piété, qui honore de sa confiance les parcelles
détachées du vieux chêne de Notre-Dame, ne pouvait manquer d'attribuer une vertu à l'eau de cette
source, pareillement sanctifiée par son voisinage.

On a eu l'heureuse idée d'encastrer dans la grotte
le bénitier en pierre de l'ancienne Chapelle, qui porte
la date de 1668.

Sur le frontispice, on lit cette inscription en lettres majuscules du XIIe siècle : *Vade ad natatoria Siloe. Fides tua te salvum fecit. Allez à la piscine de Siloé; votre foi vous a sauvé.* C'est une allusion à la guérison d'un lépreux de l'Evangile et aussi à la guérison de toutes les âmes souillées et malades qui, confiantes dans les paroles du Sauveur, s'empressent de recourir au bain salutaire de la Pénitence.

C'est de cet endroit, près de la fontaine, dans l'angle formé par un pilier butant, qu'on voit descendre du haut de la flèche et du campanile, la tige de fer du paratonnerre destiné à préserver l'édifice.

L'homme use de sa science et de ses découvertes pour sauvegarder son œuvre, pour préserver des atteintes de la foudre sa construction matérielle. Mais il a besoin d'une protection céleste contre une autre foudre, pour sauvegarder un bien beaucoup plus précieux. Quels dangers pouvons-nous craindre, quand nous savons que Marie veut bien se faire le paratonnerre de nos âmes.

CHAPITRE VIII

LES ALENTOURS

A leur arrivée sur notre sainte montagne, les pèlerins n'ont qu'une seule pensée : épancher leur âme dans le bien-aimé sanctuaire et invoquer la Reine du Ciel. Plusieurs s'agenouillent ensuite devant les images vénérées de saint Joseph et de sainte Anne. Mais quand ils ont longuement prié, visité en détail l'intérieur de la Chapelle et pris leur repas champêtre à l'ombre des sapins qui bordent la forêt, il leur reste parfois du temps à dépenser. La piété n'exclut pas la récréation. On ne peut guère s'immobiliser dans la même pensée et dans le même lieu.

Or il se trouve heureusement que les alentours de la Chapelle présentent, sous différents rapports, des charmes et de l'intérêt.

Ceux qui aiment les points de vue ont dû déjà, en arrivant dans notre petite ville par le chemin de la gare, admirer son site au pied d'une côte boisée, ainsi que la magnifique et large chute de son fleuve. Avant d'entrer dans le bois de Notre-Dame, en se retournant, ils ont pu contempler le panorama des montagnes qui bordent la vallée de la Seine, et s'ils cherchent la direction de la ville de Troyes, par un temps clair, leur regard distinguera parfaitement la tour gigantesque de sa cathédrale.

Ceux à qui plaît la belle nature avec ses silences et ses ombrages, n'ont qu'à suivre le chemin qui descend dans le bois, ils trouveront le val Verrière (Vauvert), charmante vallée suisse qui, par une courbe verdoyante, contourne la côte de Notre-Dame pour aboutir au pont de Villeneuve, là où, déjà grossie par les eaux de la Laignes, la Seine reçoit celles de l'Ource et de l'Arce avant de faire dans la ville de Bar sa majestueuse entrée.

Ceux qui, fatigués du bruit des villes, voudraient parcourir les rues solitaires et paisibles d'un hameau, trouveront dans une autre direction, après quelques minutes de marche, celui d'Avalleur. Situé sur le même plateau que la Chapelle de Notre-Dame-du-Chêne, ce petit hameau a cependant le bonheur de posséder des puits qui ne tarissent jamais. On y a établi une école et déposé une pompe. Mais ce qui excitera à un plus haut degré l'intérêt du visiteur, c'est la Commanderie.

Ce lieu fut pendant de longues années une résidence des chevaliers de saint Jean de Jérusalem. Leur demeure construite au XIIIᵉ siècle, est encore là, bien délabrée, mais avec tous ses caractères d'architecture. Leur Chapelle, maintenant propriété de la Fabrique de l'église de Bar, est dans un meilleur état, bien qu'elle ne puisse encore servir au culte divin, car il n'y a que les quatre murailles, pas d'autel, pas

même de pavé au sanctuaire. Mais le petit édifice
est du plus pur style, c'est l'art gothique dans toute
sa gracieuse simplicité. Ses murs avec leurs lancettes
ogivales, ses voûtes avec leurs délicates nervures,
sont très solides ; la charpente est admirée comme
un chef-d'œuvre. Quand le Ciel permettra-t-il d'achever la restauration entreprise, afin que cette excel-
lente population, si éloignée de l'église paroissiale,
ne soit pas toujours privée des cérémonies religieuses ?

C'est maintenant le tour de ceux qui désirent connaître la cité barséquanaise. Nous ne leur dirons pas :
Commencez par parcourir ses rues ; nous leur dirons :
avant de les parcourir, venez avec nous sur la côte
qui la domine ; d'un coup d'œil vous la connaîtrez
avec tous ses édifices.

Resserrée entre la côte et la rivière, elle est limitée
au sud et au nord par les tilleuls de ses belles prome-
nades. Vous avez d'abord sous vos yeux son horloge
installée dans une vieille tourelle, débris de l'ancien
château-fort des comtes de Bar, qui depuis longtemps
aurait disparu sans sa moderne utilité. A quelques pas
plus loin se trouvent l'Hôtel de Ville et la sous-pré-
fecture, puis près du canal l'Eglise paroissiale, le seul
monument qui mérite ce nom et sur lequel nous nous
proposons de jeter un coup d'œil dans un dernier
chapitre. — Au milieu de la ville se détache la halle
au grain devenue un marché couvert. — Près de là
brille le récent palais de justice ; puis tout à côté la

prison, et sur la Grande-Rue, la gendarmerie et l'hôpital avec le clocher de sa petite Chapelle.

Si vous êtes curieux, vous descendrez dans ce quartier par le chemin escarpé de la montagne ; vous admirerez les vertes collines qui bordent le côté gauche de la vallée de la Seine ; vous remarquerez la porte de Châtillon où l'on voit encore la trace des boulets de 1814 ; puis, traversant la Seine sur une légère passerelle, vous jouirez de la délicieuse promenade du Croc-Ferrand.

Arrivé à l'extrémité de cette promenade, vous apercevez dans la direction de la gare un panache de fumée qui vous avertit qu'il y a là un établissement industriel. C'est une vaste usine, une verrerie, où travaillent de nombreux ouvriers, aussi admirables de patience et de courage que de délicate et ingénieuse habileté.

Mais vous n'êtes pas obligé de terminer votre promenade par un hommage à l'industrie. S'il vous reste un peu de temps, vous pouvez, pèlerin de Notre-Dame, saluer le souvenir de saint Bernard, puisque ce grand saint a laissé dans notre pays la trace de son passage. Qui donc a plus aimé, plus honoré et plus gracieusement célébré Marie ?

Saint Bernard a passé par Bar-sur-Seine plusieurs fois, quand de Clairvaux il se rendait à Troyes. Une fois entr'autres, il y opéra quatre miracles racontés par le frère Godefroy, témoin oculaire. La tradition a conservé la mémoire d'un autre prodige : c'est, à la voix de saint Bernard, le jaillissement d'une source dans un lieu auparavant privé d'eau et qui, depuis plusieurs siècles, porte le nom de *Sainte Fontaine.* Cette source se trouve à une faible distance de la gare.

Boursault raconte que de son temps, c'est-à-dire il y a deux siècles, on y venait dans l'espérance d'y trouver la guérison de certaines maladies. Ces guérisons, dit-il, sont tellement prodigieuses, que les savants prétendent que l'eau doit contenir en dissolution des éléments médicinaux. Probablement, le principal élément médicinal, c'était la foi des malades, qui trouvait sa naturelle récompense. Dans tous les siècles depuis l'Evangile, la foi en Jésus-Christ a opéré des merveilles.

CHAPITRE IX

Les deux premières choses qu'on désire savoir à la vue d'un édifice religieux, c'est son nom et l'époque de sa construction. Or, l'église de Bar-sur-Seine a été placée sous le vocable de saint Etienne, et sa première pierre fut posée le 1ᵉʳ mai 1505.

Les travaux furent conduits avec beaucoup d'activité, de sorte que vingt ans après la plupart des chapelles étaient construites. Vers 1540, tout le fenêtrage recevait les verrières. L'édifice était presqu'achevé quand survinrent en 1562 les guerres de religion. Les Huguenots brûlèrent les échafaudages et ruinèrent tout le pays. Ce n'est que 40 ans plus tard qu'on put reprendre les travaux, et c'est seulement le 3 septembre 1618 que put avoir lieu la consécration.

Tout le vaisseau, sauf le grand portail, est d'un seul jet et appartient au style gothique du XVIᵉ siècle. Quelques détails seulement sont d'une architecture différente. Ainsi, tandis que le portail du sud-est est de style ogival, avec des niches magnifiquement ornées, le grand portail reproduit les formes antiques du style grec très enjolivé. On voit déjà poindre çà et là l'art de la Renaissance. Le visiteur, pour s'en convaincre, n'a besoin que de jeter un coup d'œil à l'extérieur, sur la première fenêtre à gauche du grand portail : n'est-ce pas un échantillon de ce que la Renaissance a produit de plus délicatement ouvragé ?

Sur la façade de l'édifice, au-dessous d'une statue de la sainte Vierge en bronze, on lit ces mots d'un psaume : *Hæc domus Domini ; justi intrabunt in eam. C'est ici la maison de Dieu ; les justes y entreront.* Dociles à cette invitation, pèlerins de Notre-Dame, pénétrons dans l'enceinte.

Ce qui frappe à première vue c'est la vaste dimension, la régularité et les belles proportions du vaisseau, ainsi que sa longue et gracieuse ceinture de chapelles. Mgr de Boulogne, évêque de Troyes, l'appelait sa petite cathédrale. Une galerie, ou triforium, règne à la base des grandes fenêtres pour se continuer dans les transepts, où cette galerie est d'un travail admirable.

On remarquera en passant les sculptures de la chaire et du banc d'œuvre ; sur la chaire, la lapidation de saint Étienne ; ensuite le grand lustre suspendu au-dessus de la porte du chœur, qui provient des cristalleries de Baccarat ; puis le maître autel avec son haut tabernacle, ses douze chandeliers de cuivre massif et les statues des évangélistes placées comme des gardes d'honneur aux quatre piliers du sanctuaire.

Mais ce qu'il y a de plus remarquable dans l'église de Bar-sur-Seine, ce sont les verrières. Nous allons donner sur ce point quelques indications.

Commençons par les grandes fenêtres du chœur. La première à gauche est consacrée au souvenir de saint Jean-Baptiste ; c'est une grisaille qui rappelle différentes scènes de sa vie.

La suivante est aussi une grisaille, mais très ancienne, qui représente plusieurs scènes de la Passion : la trahison de Judas, le jugement de Caïphe, les insultes des soldats et la flagellation ; le Christ à la colonne a toujours attiré l'attention des artistes.

Le sujet de la troisième fenêtre est la suite de la Passion : Jésus porte sa croix et y est attaché.

La verrière du milieu n'a pas besoin d'explication ; c'est le Calvaire avec ses trois croix et, dans le bas, les bourreaux qui tirent au sort la tunique du Sauveur.

La fenêtre voisine renferme une descente de croix, une mise au tombeau et la visite de Jésus-Christ aux limbes.

Puis vient la grande grisaille de la Résurrection : les saintes femmes au tombeau ; les deux disciples d'Emmaüs ; l'apparition au Cénacle en présence de saint Thomas.

La dernière grisaille du cœur est consacrée à la mémoire de saint Jean l'évangéliste. Elle le représente d'abord au Cénacle appuyé sur la poitrine du Sauveur, puis avec saint Pierre guérissant un estropié, ensuite près de la porte latine où il endure un affreux supplice, enfin chez un roi idolâtre qu'il évangélise après avoir bu le poison.

Maintenant parcourons les chapelles ; il me semble qu'elles sont de nature à inspirer de l'intérêt au visiteur chrétien ; et, pour procéder avec ordre, commençons par celle de saint Pierre auprès de la porte latérale.

L'image du patron qui domine l'autel est un tableau estimé. Il en est de même du grand tableau suspendu au mur, où se voit le colloque de Jésus avec les Pharisiens qui lui demandent s'il faut payer l'impôt. Cette chapelle possède deux statuettes de saint Pierre et de saint Paul en marbre blanc.

La chapelle suivante est dédiée à saint Vincent, patron des vignerons.

Puis vient celle de saint Etienne avec son beau retable. Il y a deux tableaux dans cette grande chapelle ; un petit très curieux qui représente la sainte Famille, et un autre très grand qui porte la signature de Cossard, ancien peintre troyen. On croit voir sur cette toile le martyre de saint Denis et de ses compagnons. La verrière qui termine le transept représente l'élection des sept diacres et la prédication de saint Etienne. C'est au-dessous des fenêtres que se trouvent les bas-reliefs de Dominique Florentin, qui proviennent du jubé de l'église Saint-Etienne de Troyes, et qui rappellent la condamnation et le supplice du premier martyr.

Dans la chapelle de la sacristie, nous trouvons sur un tableau un souvenir de la découverte et de la translation des reliques de ce grand Saint.

La suivante fut jadis dédiée à saint Nicolas, dont on aperçoit la statue ; mais aujourd'hui les tableaux qui surmontent l'autel sont consacrés à sainte Jeanne de Chantal et à saint François de Sales.

Il en est de même de la chapelle voisine autrefois dédiée à saint Louis, comme le prouvent les curieux restes de son antique vitrail : elle porte aujourd'hui le nom de Saint-Yves, sans doute parce que le tableau du retable représente un tribunal devant lequel ce saint magistrat plaide la cause de la veuve et de l'orphelin.

Au bout de cette allée, au-dessous d'une verrière aux vives couleurs consacrée à rappeler tous les souvenirs évangéliques de la sainte Vierge, l'œil rencontre un autel de pierre orné de nombreuses sculptures et dominé par la statue de Notre-Dame-de-Pitié. De chaque côté sur des culs-de-lampe se dressent deux vieilles statues : saint Joachim et sainte Anne.

Voici que nous arrivons à la chapelle principale au chevet de l'édifice. A son antique balustrade, à son riche pavé de marbre et à sa lampe toujours allumée, nous reconnaissons la chapelle du Saint-Sacrement. Les tableaux qui la décorent représentent la multiplication des pains au désert, la dernière cène, le triomphe de l'Eucharistie, c'est-à-dire la figure et l'institution de ce grand mystère, puis la sainte Hostie, recevant les hommages des hommes de toutes les conditions. Ces tableaux sont les seuls restes d'anciennes peintures sur bois qui garnissaient les murailles.

Voyons maintenant les trois verrières, car elles appellent l'admiration.

Celle du milieu retrace le souvenir de la dernière cène ; cette partie avec la décoration des lobes supérieurs est splendide. On admire également la grisaille de gauche qui représente les quatre Evangélistes et les quatre grands Docteurs de l'Eglise latine ; tous ces personnages tiennent à la main des banderolles où se lisent quelques mots de leurs écrits sur l'Eucharistie. La verrière de droite renferme l'histoire bien connue du Juif et de l'Hostie. Il est regrettable que le temps et la grêle l'aient dégradée. Elle complétait dignement les leçons que l'âme fidèle aime à recueillir au pied du tabernacle. Arrêtez-vous-y un instant, chrétien visiteur ; songez à l'adorable mystère, et répondez par un élan du cœur à Celui qui perpétue au milieu de nous son immense amour.

Nous abordons maintenant le collatéral de gauche. La verrière qui le termine reproduit la vie et le martyre de saint Sébastien. L'autel est maintenant dédié à saint Joseph. Les statues placées de chaque côté sur des culs-de-lampe sont celles de saint Bernard et de saint Louis, roi de France. Les statues sont récentes, mais la verrière est datée de 1541.

Dans la chapelle voisine, les tableaux de l'autel ne sont pas sans mérite, mais on remarquera surtout la verrière qui, malgré son ancienneté, a conservé le vif éclat de ses couleurs. Une inscription nous apprend que Jehan Nassier, lieutenant-général du bailliage de

Bar-sur-Seine, en fit don le 15 mai 1540. Elle représente le Jugement de Salomon, l'histoire du jeune Daniel avec l'épisode de la chaste Suzanne et de ses deux calomniateurs dont on voit le supplice.

De cette chapelle nous passons à celle de la Croix, dont une grisaille antique retrace l'histoire à travers les siècles. L'autel est en pierre avec des sculptures. Divers ornements réveillent les souvenirs de la Passion et la pensée de la mort.

Vient ensuite la chapelle des Menans, ou chapelle de la Présentation de la sainte Vierge, car tel est le sujet du tableau de l'autel. Sa petite verrière, bien que mutilée et veuve de ses couleurs, est fort appréciée des archéologues, tant à cause de la vigueur du dessin qu'en raison du sujet qui est l'histoire figurative et prophétique de la mère de Dieu.

Nous arrivons à la grande chapelle de la sainte Vierge.

Que le visiteur veuille bien jeter d'abord les yeux sur l'extrémité du transept. Il remarquera des verrières dont la disposition originale n'est pas dépourvue de bon goût. Les baies n'ont pas été entièrement remplies par la peinture historiée. Une bordure décore le pourtour et des fleurons garnissent l'intervalle qui sépare du tympan les différents sujets. Quatre sujets se présentent en face : la Naissance de la sainte Vierge, sa Présentation au temple, l'Annonciation et la solennelle Cérémonie du mariage.

Voici maintenant ce que notre église possède de

plus artistique : quatre bas-reliefs de marbre blanc
encastrés dans la muraille, au-dessous des verrières,
et si parfaitement travaillés que les connaisseurs
pensent pouvoir les attribuer au plus renommé de nos
anciens sculpteurs troyens, François Gentil. C'est
d'abord une adoration des Mages et une Circonsi-
sion. Le troisième sujet est la Mort de la sainte Vierge.
Etendue sur son lit funèbre, elle est entourée des
douze Apôtres dont l'attitude a quelque chose de
solennel. — Le quatrième est une Assomption. Marie
est emportée au ciel par une majestueuse couronne
d'anges.

C'est au-dessus de ce dernier bas-relief qu'on a
suspendu le tableau du peintre Maison qui a remporté
le prix de Rome : c'est sainte Anne instruisant la
sainte Vierge.

Dans le gradin de l'autel et au-dessus, il y a une
série de demi-reliefs qu'on croit de la même main et
qui sont très estimés. Quant aux deux grandes statues
de saint Joseph et de sainte Anne, postées de chaque
côté de l'autel, elles appartiennent évidemment à une
autre école. Comment se fait-il qu'ayant figuré autrefois au jubé de la Madeleine de Troyes, elles se
trouvent aujourd'hui dans l'église de Bar ? Nous n'a-
vons aucun renseignement à ce sujet.

Passons à la chapelle voisine où le visiteur ne
manquera pas d'admirer tout d'abord les ornements
gothiques d'une très belle piscine. Du reste, presque
toutes nos piscines sont remarquables. Cette chapelle

porte le nom de Saint-Roch. La verrière qui retrace la vie de ce grand saint, est une des plus belles de notre église. C'est évidemment l'œuvre des plus fameux peintres verriers de l'époque, les Ludereau, les Macadré, auxquels plusieurs églises de Troyes doivent leur décoration.

Nous pouvons peut-être en dire autant de la verrière de la chapelle suivante, consacrée à l'histoire tragique de sainte Barbe, bien qu'elle ait perdu plus que celle de saint Roch, dans les diverses restaurations qu'elle dut subir. Toutes ces verrières portent leur date avec le nom et quelquefois le patron des donateurs.

Il nous en reste une à signaler, la plus petite, mais aussi la plus ancienne et la plus curieuse : elle se trouve dans la chapelle de Sainte-Marguerite, tout à côté. Au milieu d'une fenêtre dont tous les contours sont enguirlandés d'une gracieuse bordure, on a représenté saint Barthelemy, patron des bouchers. Il tient un couteau, instrument de son supplice ; la peau arrachée de son corps saignant pend à son bras, comme un manteau. Au-dessous, se dessine une joyeuse promenade du bœuf gras, avec une inscription qui constate que ce vitrail est un don des bouchers de la Ville.

Le tableau qui orne le retable de cette chapelle n'est pas sans valeur : c'est une apparition de la sainte Vierge à des religieux. Comme leur attitude est naturelle et pieusement expressive !

Enfin nous atteignons la dernière chapelle, celle du baptistère où un gand tableau attire les regards : c'est le baptême de Notre Seigneur,

En parcourant les chapelles et les verrières du religieux édifice, les yeux du visiteur ont pu rencontrer plus d'une fois des sujets que nous n'avons pas indiqués. Nous devions nous borner à des renseignements sommaires.

Une impression néanmoins a dû se produire dans l'esprit pendant ce rapide examen. On a dû être frappé des pensées qui préoccupaient leurs âmes quand les ancêtres construisirent et ornèrent cette basilique. Evidemment leur confiance à saint Etienne était grande, puisqu'ils changèrent en sa faveur le vocable de leur église, car la précédente était dédiée à la sainte Trinité. Mais il y a deux autres dévotions, celle du Saint-Sacrement et celle de la sainte Vierge, dont le témoignage est multiple et bien accentué, *la première* dans la chapelle terminale avec ses tableaux et ses verrières, *la seconde* dans trois chapelles avec des bas-reliefs, des statues et des vitraux. Comment s'en étonner ! C'est dans l'une de ces chapelles, aux pieds de Notre-Dame-de-Pitié, que dans les calamités publiques on apportait solennellement la miraculeuse image de Notre-Dame-du-Chêne, au milieu des supplications et des hommages de toutes les paroisses circonvoisines.

Il y a un autre motif qui explique la ferveur manifestée par les comtemporains de la construction de ce bel édifice : c'est l'audace des sectaires. L'hérésie en effet s'attaquait de préférence à ces deux dévotions, du Saint-Sacrement et de la sainte Vierge, qui sont l'âme de notre divine religion. Nos ancêtres protestaient de toutes les manières, et par les plus grands sacrifices affirmaient la sincérité et l'énergie de leur croyance. Recueillons, comme de nobles exemples, ces actes de foi qui traversent les siècles et qui nous révèlent le principe inspirateur des caractères chevaleresques et des héroïques vertus.

CANTIQUES

A NOTRE-DAME-DU-CHÊNE

REFRAIN

Du haut de vos forêts, puissante protectrice,
Jetez sur nos vallons des yeux compatissants,
De nos fiers ennemis, confondez la malice,
Veillez sur nous, Marie, et sauvez vos enfants.

En vous la veuve espère
Au sein de ses malheurs,
Et vous êtes la mère
De l'orphelin en pleurs ;
Vous êtes l'espérance,
L'asile des pécheurs,
Et la tendre innocence
Se cache en votre cœur.　　Du haut, etc.

La vierge vous appelle,
L'enfance vous chérit ;
De la mère nouvelle,
Vous protégez le fils.
L'infirme à l'espérance,
A votre nom sourit ;
Près de sa délivrance,
Le vieillard vous bénit.　　Du haut, etc.

Par vous à la lumière,
L'aveugle ouvre les yeux ;
Une ardente prière
Redresse le boiteux.
Le sourd, de vos louanges,
Entend les doux accents ;
Et le muet, aux anges,
Fait envier ses chants.   Du haut, etc.

O toi ! Cité chérie,
Crains-tu quelque malheur,
Quand l'ombre de Marie
Assure ton bonheur ?
Ah ! crois à sa puissance,
Embellis son séjour :
Et que ta confiance
Réponde à son amour.   Du haut, etc.

L'auguste souveraine,
La maîtresse des cieux,
Se plaît au creux du chêne ;
Elle y reçoit nos vœux.
Courons, c'est notre mère,
Couronnons-la de fleurs ;
Hâtons-nous de lui faire
L'hommage de nos cœurs.   Du haut, etc.

AUTRE CANTIQUE

REFRAIN

O ma bonne Mère, ô ma bonne Mère,
Place-moi, place-moi
Dans ton sanctuaire, dans ton sanctuaire,
Près de toi, près de toi.

I

En ce beau jour, aimable souveraine,
Nous accourons le cœur rempli d'amour,
Pour te prier au pied de ce vieux chêne,
Dans cet asile où tu fais ton séjour.

II

Tes chers enfants, auguste et sainte Reine,
Sont engagés dans de rudes combats.
Ils sont venus vénérer ce vieux chêne
Et réclamer le secours de ton bras.

III

Ils sont venus d'une plage lointaine
Te faire entendre et leurs vœux et leurs chants,
Et se ranger sous l'abri du vieux chêne
Du haut duquel tu bénis tes enfants.

IV

Reposons-nous auprès de la fontaine
Où notre mère attire tous les cœurs ;
Allons, amis, allons près du vieux chêne,
Lui demander ses célestes faveurs.

V

Frères, amis, qu'un saint amour amène
A la Chapelle où demeure Jésus,
Prions, prions Notre-Dame-du-Chêne
Pour obtenir d'imiter ses vertus.

VI

Des mécréants la rage se déchaîne,
Et sur la terre ils versent tout leur fiel.
Protège-nous, Notre-Dame-du-Chêne,
Oui, ta chapelle est l'image du ciel.

VII

Oui, des méchants nous braverons la haine,
Car nous mettons en toi tout notre espoir ;
Nous les vaincrons, Notre-Dame-du-Chêne,
En invoquant ton souverain pouvoir.

VIII

Ah ! viens du haut de la céleste plaine
Nous apporter le bonheur et la paix ;
Nous t'en prions, Notre-Dame-du-Chêne,
Verse sur nous ta grâce et les bienfaits.

IX

De nos malheurs, viens, viens briser la chaîne,
O bonne Mère, ô Mère de Jésus ;
Veille sur nous, Notre-Dame-du-Chêne,
Et conduis-nous au séjour des élus.

CANTIQUE DE LA SAINTE VIERGE

MAGNIFICAT * anima mea Dominum.

Et exultavit spiritus meus : * in Deo salutari meo.

Quia respexit humilitatem ancillæ suæ : * ecce enim ex hoc beatam me dicent omnes generationes.

Quia fecit mihi magna qui potens est : * et sanctum nomen ejus.

Et misericordia ejus a progenie in progenies : * timentibus eum.

Fecit potentiam in brachio suo : * dispersit superbos mente cordis sui.

Deposuit potentes de sede : * et exaltavit humiles.

Esurientes implevit bonis : * et divites dimisit inanes.

Suscepit Israël puerum suum : * recordatus misericordiæ suæ.

Sicut locutus est ad patres nostros : * Abraham et semini ejus in sæcula.

HYMNE A LA SAINTE VIERGE

Ave, maris stella.
Dei Mater alma,
Atque semper virgo,
Felix cœli porta.

Sumens illud Ave
Gabrielis ore,
Funda nos in pace.
Mutans Hevæ nomen.

Solve vincla reis,
Profer lumen cæcis,
Mala nóstra pelle,
Bona cuncta posce.

Monstra te esse matrem ;
Sumat per te preces,
Qui, pro nobis natus.
Tulit esse tuus.

Virgo singularis,
Inter omnes mitis,
Nos culpis solutos,
Mites fac et castos.

Vitam præsta puram,
Iter para tutum ;
Ut videntes Jesum,
Semper collætemur.

Sit laus Deo Patri,
Summo Christo decus,
Spiritui sancto,
Tribus honor unus,

Amen.

PRIÈRE DE SAINT BERNARD

Souvenez-vous, ô très pieuse Vierge Marie, qu'on n'a jamais entendu dire qu'aucun de ceux qui ont eu recours à votre protection, imploré votre assistance et réclamé votre secours, ait été abandonné de vous. Animé d'une pareille confiance, je cours à vous, Vierge des vierges et notre mère, je me réfugie à vos pieds : me voici en votre présence, gémissant sous le poids de mes péchés. O Mère de Dieu ! ne rejetez pas mes humbles prières, mais écoutez-les favorablement et daignez les exaucer, Ainsi soit-il.

PRIÈRE

O Marie ! je suis votre enfant, écoutez ma prière. Prosterné à vos genoux, je m'adresse à votre cœur, et je vous supplie, ô ma bonne mère, d'étendre sur moi votre toute puissante protection.

Dans cette chapelle bénie où vous avez voulu être honorée, vous avez accordé des grâces sans nombre aux âmes qui vous invoquaient avec confiance. Moi aussi je vous implore. Vous savez quels sont mes besoins, quels sont mes désirs ; mieux que moi vous connaissez mes péchés, mes défauts, les tentations auxquelles je suis en butte, les dangers dont je suis entouré, les peines dont je suis accablé. Obtenez-moi donc de votre divin Fils toutes les grâces qui me sont nécessaires : le repentir de mes fautes et le ferme propos de n'y plus retomber, la volonté de me corriger de mes défauts et le courage d'y travailler coûte que coûte ; la fermeté pour ne jamais me laisser vaincre par les attaques du démon ni entraîner par ses séductions ; la prudence et la vigilance sur moi-même pour échapper aux dangers qui m'entourent et qui pourraient me faire tomber dans le péché ; enfin la soumission à la très sainte volonté de Dieu dans toutes les épreuves qu'il lui plaira de m'envoyer et qui n'ont d'autre but, je le sais, que de purifier mon âme et de la sanctifier.

Bonne Notre-Dame-du-Chêne, soyez à jamais mon refuge et mon appui. C'est à vous que je confie mon corps et mon âme, ma famille et mes amis. Sauvez-moi et sauvez tous ceux que j'aime, et faites que nous soyons tous réunis pendant l'éternité, autour de vous, aux pieds de votre divin Fils ! Ainsi soit-il !

Permis d'imprimer : † MAURICE, Ev. de Troyes.

TABLE DES CHAPITRES

		Pages.
Chapitre I.	— Origine du Pèlerinage.	0
Chapitre II.	— La première Chapelle.	13
Chapitre III.	— Le Pèlerinage au XVIII⁰ siècle.	17
Chapitre IV.	— Première moitié du XIX⁰ siècle.	22
Chapitre V.	— Construction de la nouvelle Chapelle.	27
Chapitre VI.	— Nouveau caractère du Pèlerinage.	33
Chapitre VII.	— Description de la Chapelle actuelle.	39
Chapitre VIII.	— Les Alentours.	48
Chapitre IX.	— Coup d'œil sur l'Eglise paroissiale.	53
Cantiques et Prières.		64

BAR-SUR-SEINE, IMP. SAILLARD. — L. GOUSSARD, SUCC⁰